Н. С. ЖУКОВА

БУКВАРЬ

Рекомендован Министерством общего и профессионального образования
Российской Федерации

ПОСОБИЕ ПО ОБУЧЕНИЮ
ДОШКОЛЬНИКОВ ПРАВИЛЬНОМУ ЧТЕНИЮ

ЭКСМО-ПРЕСС
ЛИТУР
2002

УДК 882-93
ББК 84(2Рос-Рус)6-4
Ж 86

Рекомендован Министерством общего и профессионального образования Российской Федерации в качестве учебного пособия; постановление № 27-58-207/27-08 от 29.05.97 г.

Жукова Н. С.

Ж 86   Букварь: Учебное пособие / М.: Изд-во ЭКСМО-Пресс, 2001; Е.: Изд-во ЛИТУР, 2002. — 96 с.

ISBN 5-04-002868-7

При составлении Букваря автор использовал свой 30-летний опыт работы логопеда, что впервые позволило сочетать обучение грамоте с предупреждением ошибок на письме, возникающих в школьном возрасте. Букварь основан на традиционном подходе к обучению чтению на русском языке, дополняя традиционный подход оригинальным способом обучения ребенка осознанию буквосочетания как цельного графического элемента — слога в качестве единицы чтения (в дальнейшем письма). Букварь не имеет развлекательного или занимательного характера, его задача — обеспечить ребенку наибыстрейшее овладение техникой чтения, что должно доставить детям радость и удовольствие в награду за труд. Надеемся, что наши дети, овладев без особых затруднений чтением, возьмут в руки книгу как орудие культуры и источник знаний.

УДК 882-93
ББК 84(2Рос-Рус)6-4

К РОДИТЕЛЯМ

Если вы хотите научить ребенка читать до того, как он пойдет в школу, наш Букварь — лучший помощник в этом деле. Чтобы избежать печальных последствий неграмотного обучения, отнеситесь со вниманием и пониманием ко всем нашим советам, методическим указаниям и примечаниям.

СОВЕТ ПЕРВЫЙ: приступайте к обучению чтению только в том случае, если устная речь ребенка достаточно развита. Если же речь дошкольника изобилует аграмматизмами или дефектами звукопроизношения, следует в первую очередь заняться ее исправлением (желательно у логопеда).

СОВЕТ ВТОРОЙ: не заучивайте с детьми сразу все буквы алфавита!!!

СОВЕТ ТРЕТИЙ: не называйте согласные буквы с призвуком гласных, например *сэ* или *рэ*, или *эр* и т. п.

СОВЕТ ЧЕТВЕРТЫЙ: прежде чем предложить ребенку ту или иную страницу Букваря, ознакомьтесь с нашими замечаниями, помещенными в нижней части страницы.

СОВЕТ ПЯТЫЙ: на первых порах обучения закрывайте от читающего белым листом бумаги те части текста, которые не должны находиться в поле его зрения. Для этого сделайте в листе белой бумаги окошечко, которое передвигайте от слога к слогу по мере их прочтения ребенком.

СОВЕТ ШЕСТОЙ: имейте дома набор букв магнитной или разрезной азбуки.

СОВЕТ СЕДЬМОЙ: поскольку разные дети имеют разные темпы обучения чтению, следите за тем, чтобы читаемое было доступно ребенку. Одни дети могут долго оставаться на выборочном прочтении отдельных слогов и слов. Другие быстро перейдут к более сложным текстам и мелкому шрифту.

Желаем вам успеха!

Н. Жуков

Аа

Читаем букву.

А | А | А

a | a | a

А | a | a | А | А | a

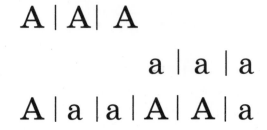

1) Учите ребенка, передвигая его пальчик **по горизонтали**, читать в строчку букву *a*. Скажите ребенку, что пальчик всегда движется от красной линии (в левой части страницы).

2) Спросите, на какой звук (букву) начинаются слова — названия картинок.

Обратите внимание, как широко открывается рот при произношении звука *a*.

4

Уу

у	у	у
у	у	у
	у	у
		у

1) Учите ребенка, передвигая его пальчик **по вертикали**, читать в столбик букву *у*.

2) Спросите, на какой звук (букву) начинаются слова — названия картинок. Обратите внимание, как вытягиваются губки при произношении звука *у*.

Читаем буквы.

O | O | O

O	a	a	У
У	о	у	О
А	у	о	А

О | а | у | а | у | О

---

1) Учите читать **в строчку** и **в столбик**. Пальчик ребенка должен находиться под той буквой (потом слогом), которую он читает. Обращайте внимание на то, что пальчик движется от красной линии.

2) Приучайте ребенка вслушиваться в начальные звуки слов, начинающихся на *а, у, о*.

3) Поочередно сложив свои губы в немой артикуляции звуков *а, у, о*, попросите ребенка угадать, какую букву вы назвали. Затем попросите найти ее среди остальных букв.

Читаем буквы.

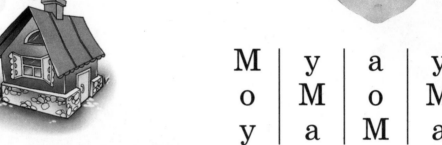

М	у	а	у	М
о	М	о	М	о
у	а	М	а	у

М | о | у | а | а | у | о | М

---

1) Если дети хорошо запоминают буквы и хорошо ориентируются в прочтении их в строчке, нет необходимости задерживаться на упражнениях в чтении отдельных букв.

2) Спросите, на какой звук (букву) начинаются слова — названия предметов, изображенных на стр. 4, 5, 6. Затем спросите, на какой звук заканчиваются слова *дом, дым, ком.*

3) Запомните: дошкольнику легче всего выделить из слов начальный гласный под ударением, затем конечный согласный. Труднее выделить начальный согласный и очень трудно конечный гласный.

7

С | м | С | о | С | у | С | а | а

С	у	о
а	С	м
у	м	С

1) Следите за тем, чтобы ребенок правильно читал и называл согласные буквы (коротко, без призвука *э*).

2) Если дети плохо запоминают буквы, продолжайте их читать. Предложите игру: закрыв глаза, ощупать магнитную букву и угадать, какая это буква.

3) Учите ребенка выделять в словах отдельный звук. Например, подними руку, если в слове услышишь звук *с*. Наряду со словами, содержащими заданный звук, предлагаются слова и без этого звука.

Учимся соединять буквы.

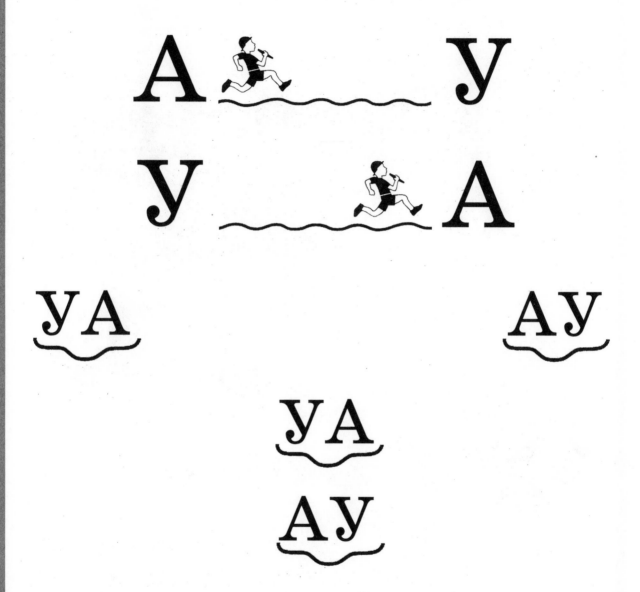

---

1) Учить слиянию букв в один слог надо так: показывая карандашом (указкой) первую букву, *А*, и передвигая карандаш (указку) ко второй, *У*, предложите ребенку соединить их дорожкой: «Тяни первую букву до тех пор, пока ты с мальчиком не добежишь по дорожке до второй буквы».

2) В итоге ребенок должен самостоятельно, водя пальчиком от одной буквы к другой, свободно читать слоги из двух гласных.

Читаем буквы, читаем слоги.

| а | у | о | м | с |

Ау...
Ау...
Ау...

Уа... Уа... Уа...

| ау | уа | ао | уа | ау |
| уа | ау | оа | ау | уа |

1) Учите детей анализировать прочитанные слоги. Спросите: «Сколько букв ты прочитал(а), какая буква первая, какая вторая?»

2) Приучайте дошкольников определять на слух, сколько звуков (букв) вы произнесли. Какой звук (буква) был первый, какой второй? Например: *ау, уа, уо, оу, ао.*

Соединяем буквы, читаем слоги.

А   М

У   М

УМ   АМ

УА

АУ

1) Следите, чтобы ребенок не читал слог по отдельным буквам. Напомните, что первую букву надо немного потянуть, а вторую сказать коротко. И не забывайте водить пальчиком по соединительной дорожке!

2) Проведите звуковой анализ слогов *ам*, *ум* (см. стр. 10, п. 2), а затем предложите сложить эти слоги из букв разрезной азбуки.

м | а | у | о | с

АУ | УА | УМ | АМ
АМ | УМ | АМ | УМ

ау | ум | уа | ам
уа | ам | ау | ум

Ам! Ам! Ам!

1) Проведите звуковой анализ слогов *ау, уа, ам, ум*. После этого предложите детям сложить эти слоги из букв разрезной азбуки.

2) Предложите буквы *а, у, о, м, с* положить на те картинки в Букваре (стр. 4—12), в названиях которых имеются соответствующие звуки.

ас	ам	уа	ау	ус
ос	ом	ум	ам	ос
ус	ум	ус	ум	ас

ам	уа	ум	ос
ус	ас	ау	ам
ау	ум	ос	уа

---

1) Продолжайте проводить звуковой анализ слогов, включив в упражнения звук *с*.

2) Предложите ребенку сложить из букв разрезной азбуки те слоги, которые он свободно читает. Советуем провести красную (или прерывистую) черту, от которой надо складывать слоги.

Снова учимся соединять буквы.

M А

M У

МУ   МА

МУ

МА

---

1) Чтение прямого слова (согласный + гласный) — самый ответственный момент начального обучения грамоте. Не увлекайтесь механическим соединением букв в один слог, например *м* и *а*, как будет вместе?

Напоминайте ребенку, что первую букву надо тянуть: *ммм* и, добежав до второй, прочитать ее, не разрывая дорожки.

2) Проведите звуковой анализ (см. стр. 10, п. 2) слогов *ма, му, ам, ум* и предложите сложить их из букв разрезной (или магнитной) азбуки.

Читаем слитно!

Ма | Му | Му | Ма

МА | АМ | МУ | МА | МУ
МУ | УМ | МА | АМ | УМ

ау | уа | ма | му | ам
ам | ма | му | ма | ау

Ма-ма

Ма-ма, ау!
Ау, ма-ма!

---

1) Не допускайте прочтения слогов побуквенно. У некоторых детей этот навык закрепляется, и они долго не могут овладеть слитным послоговым чтением.

2) Если ребенок не овладевает слитным прочтением слога, предложите ему, используя нашу схему, другие буквы (см. стр. 16, 18, 20).

Читаем слитно!

ас | ос | ус

C   А

C   У

C   О

са	су	ма	со	мо
ма	му	са	мо	со

ас	ос	ус
са	со	су

са	ма	ам	ас
со	мо	ом	ос
су	му	ум	ус

Проведите звуковой анализ прочитанных слогов и предложите сложить их из букв разрезной азбуки (см. стр. 10, 11).

с | м | о | у | а

ма	са	о	со	са
ма-ма	са-ма	о-са	сом	сам

ма	ма-ма	са-ма	сам
са	са-ма	ма-ма	са-ма

са-ма	сам
сам	сом

о-са

сом

О-са, ма-ма!
Ма-ма, о-са!

ма	мо	му
сма	смо	сму

* Прочтение слогов из трех букв предлагать только тем детям, которые слитно и свободно читают слоги из двух букв.

Хх

ах
ох
ух

Х ～～～～ А

Х ～～～～ О

ма	мо	му
са	со	су
ха	хо	ху

ах	ох	ух
ха	хо	ху

ах	са	ух	ху	ох	хо
ам	ма	ус	су	ом	мо
ас	ха	ум	му	ос	со

Ха! Ха! Ха!

Многократное внимательное чтение однотипных слогов предупреждает склонность детей читать по догадке.

хо	ха	ха	су	мо
у-хо	у-ха	му-ха	су-хо	мох

со	мо	са	о	хо	
сом	мох	сам	о-са	у-хо	Мох сух.

му-ха	су-хо	ма-ма	му-ха
у-ха	у-хо	са-ма	со-ха

Ма-ма, о-са.
Ма-ма, у-ха.
Ма-ма, мох.
Ма-ма, сом.
Ма-ма, му-ха.
Ма-ма, су-хо.

ма	мо	му
сма	смо	сму

Рр

ар | ор | ур

ар
ор
ур

Р ~~~~~ А

Р ~~~~~ О

Р ~~~~~ У

| ра | ро | ру | ру | ра |
| ар | ор | ур | ра | ро |

| со | хо |
| со́р | хо́р |

| ма | ра | ро |
| Ма-ра | ра-ма | Ро́-ма |

Попросите ребенка определить на слух место звука *р* в словах (в начале слова, в конце, в середине).

р | х | с | м | о | у | а

ра	ра́-ма	му	Му́-ра
ро	Ро́-ма	са	Са́-ра

ма́-ма	Ро́-ма	ро-са́	сор
Ма́-ра	Му́-ра	Са́-ра	хор

му-со́р
му-хо-мо́р

Ма́-ма, му-хо-мо́р.
Ро́-ма, му-со́р.

ра	ро	ру	сма	смо	сму
мра	мро	мру	сха	хмо	хму

---

1) После прочтения ребенком слова или слога попросите его повторить прочитанное, а затем спросите, знает ли он такое слово или нет?

2) Спросите, на какой звук (букву) начинаются слова *хор, сом, сор*, на какой звук (букву) заканчиваются? Какая буква в середине? Предложите сложить трехбуквенные слова.

Шш

ша
шо
шу

ша	шо	шу	ша	шар
аш	ош	уш	шу	Шу-ра

аш	ша	ма	ха
ош	шу	мо	ху
уш	шо	му	хо

ас	са	мо	шу
ос	су	му	ша
ус	со	ма	шо

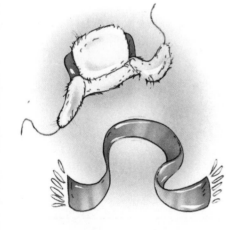

Шу-ра	Ма-ша	шар
Му-ра	Шу-ра	шум

шма	шму	шра
шмо	шру	шро

---

1) Если ребенок легко справляется с чтением слогов из двух букв, нет необходимости задерживаться на этих упражнениях.

2) Проведите анализ слогов из трех букв, предложите их собрать из букв разрезной азбуки (см. стр. 10, 11).

С-Ш

са	со	су	ша	шо	шу
ша	шо	шу	са	со	су

ар	ор	ур		ар	ор	ур
арш	орш	урш		арс	орс	урс

са	су	ма	ма	хо-ро-шо
Са-ша	су-ша	Ма-ша	марш	хо-рош

шум
сам
хор
марш

Хо-рош марш!

Марш хо-рош.
Са-ша хо-рош.
Ма-ша хо-ро-ша.
Шар хо-рош.

СЫ	МЫ
ры	ры
мы	сы

о-са	шар	ра-ма	сом	шар
о-сы	ша-ры	ра-мы	со-мы	сыр

У о-сы у-сы.
У со-ма у-сы.
У Ро-мы шар.
У Му-ры ша-ры.

У ма-мы Ро-ма.
У ма-мы Му-ра.
Мы у ма-мы.

о-сы	ша-ры	сы-ры	ра-ма	хор
о-са	шар	сыр	ра-мы	хо-ры

ал	ол	ул	ыл
ла	ло	лу	лы

лу	ла	ло	са́-ло	мал
Лу́-ша	уш-ла́	лы	мы́-ло	ма́-ло

ла	ло	лу	лы
ал	ол	ул	ыл

Лу́-ша ма-ла́.
Са́-ша мал.
Мы ма-лы́.
Ма́-ма уш-ла́.

Чтение предложений из двух-трех слов может вызвать определенные трудности. После прочтения ребенком первого слова предложения попросите его прочесть снова первое слово, а затем здесь же прочитать второе слово предложения. После прочтения двух слов ребенок снова возвращается к началу предложения и читает подряд все три слова.

У ма-мы мы-ло.
Ма-ма мы-ла Лу-шу.
Мы-ла мы-лом.

ла	ло	лу	лы
сла	сло	слу	слы

ла	ло	лу	лы
шла	шло	шлу	шлы

Л-Р

а | у | о | ы | м | с | х | р | ш | л

ла	ро	лу	ры
ра	ло	ру	лы

Ла-ра   Ро-ма   Ло-ра

слу	хла	са-ло	су-хо	сыр	хо-рош
слух	хлам	сы-ро	мы-ло	сор	хо-ро-шо

У Ро-мы мы-ло.
Ро-ма мыл ра-му.
Мыл хо-ро-шо.

У Ло-ры ша-ры.
Ло-ра мы-ла шар.
У Ло-ры сы-ро.

---

1) Из букв разрезной азбуки предложите складывать слова и слоги из трех букв, знакомых ребенку.

2) Стимулируйте способность детей придумывать слова, в составе которых имеются звуки *р, с, ш, л, х, м*.

Нн

ан	он	ун	
на	но	ну	ны
ан	но	ун	
на	он	ну	

на	но	на-ша	сон	лу-на
наш	нос	но-ша	сын	ра-но

Он Са-ша.
Наш Са-ша.
Он мал.

О-на Ма-ша.
На-ша Ма-ша.
О-на ма-ла.

сон	сон	нос	сын	сос-на
сын	нос	но-сы	сы-ны	сос-ны

на	но	ну	сон
сна	сно	сну	сны

У сос-ны.

Ро-ма у сос-ны.
А Лу-ша уш-ла.

на	но	ну	ны	шну
шна	шно	шну	шны	шнур

У ма-мы сын.
Сын Шу-ра.
У ма-мы но-ша.
У сы-на но-ша.

слон	сло-ны
сло-ны	ум-ны

сла	сло	слу	слы
сна	сно	сну	сны

У Ро-мы слон.
У Шу-ры шар.
— На, Ро-ма, шар.
— На, Шу-ра, сло-на.

мна	нра	сма	шма	сму	смы
мно	нро	сна	шна	шну	шмы
мну	нру	смо	шмо	сну	сны
мны	нры	сно	шно	шму	шмы

ак	мак	ак	ок	ук
ок	сок	ах	ох	ух
ук	лук			

мак	сох	сух	рос		ха	хо	ху
рак	мох	лук	наш		са	со	су
лук	сок	сук	лук		ка	ко	ку

У нас рос мак.
Наш мак хо-рош.
У нас рос лук.
Наш лук сух.

Ку-ку! Ку-ку! Ку-ку!
На су-ку ку-куш-ка.

ка	ка-ша	ку	ку-ры	ко-ра
ко	ко-сы	ко	корм	кор-ка

У Шу-ры ка-ша.
Ка-ша — корм ку-рам

ка-ша	кош-ка	но-ра	кош-ка
каш-ка	мыш-ка	нор-ка	Мур-ка

У Шу-ры кош-ка.
Кош-ка Мур-ка.
У Шу-ры мо-ло-ко.
— На, Мур-ка, мо-ло-ка.

Мыш-ка ры-ла нор-ку.
Мыш-ка ма-ла.
Нор-ка су-ха.

кра	кру	кры-са	ско	ско-ро
кро	кры	кры-сы	шко	шко-ла

ат	кот	ут-ро
от	рот	ут-ром
ут	ут-ка	крот

ка	ко	ку	там	мы	кот	кро-ты
та	то	ту	тут	ты	ко-ты	крот

На-та	То-ма
На-та-ша	Та-ма-ра

Наш хор.

У На-ты но-ты.
У То-мы но-ты.
У Ро-мы но-ты.
У нас хор.

ут-ро	ту-ман
ут-ром	ту-ма-ны

*тра	тро	тру	стра	стру-на
стра	стро	стру	стро	стру-ны
стра-на	стро-ка	стру-на	стру	

---

* Здесь и далее по всей книге: более мелкий шрифт предназначается для детей, быстро овладевающих чтением.

Ии

им	ин	ир	ик
ис	иш	их	ит

И-ра и На-та.
У И-ры кук-ла. И у На-ты кук-ла.
И-ра и На-та ма-лы.

Ы-И

мы	сы	ры	ли	ни	ти	ши
ми	си	ри	лы	ны	ты	ки

мы-ло	Ми-ла	мыш-ка	мис-ки
Ми-ла	мы-ла	миш-ка	мыш-ки

Ро-ма мыл ру-ки.	мил	кот
Ро-ма мил.	мыл	кит

Ма-ма и Ни-на.

У ма-мы Ни-на. У Ни-ны миш-ка.
Ма-ма кор-мит Ни-ну.
Ни-на кор-мит миш-ку.

сми	сли	три	кри	шти	шлы
смы	слы	тры	кры	шты	шли

шар	кот	слон	стол
ша-ры	ко-ты	сло-ны	сто-лы
ша-рик	ко-тик	сло-ник	сто-лик

сто	смо
сто-ит	смот-ри
стро-ит	смот-рит

Ни-на, Ми-ла и Си-ма.

Ни-на сто-ит. Си-ма стро-ит.
Ми-ла смот-рит. О-ни ма-лы-ши.

О-ко-ло ки-но.

Си-ма и Ни-на шли ми-мо ки-но.
— Смот-ри, Ни-на, там Са-ша.
Са-ша сто-ит у ки-но, он смот-рит кар-тин-ки.

Пп

ап	па	па-па
оп	по	Па-ша
уп	пу	па-ра

Наш па-па.
У па-пы Ма-ша.
У па-пы Па-ша.
Мы у па-пы ма-лы-ши.

ла-па	по-лы	пап-ка	шап-ка	пух
лам-па	пол-ка	пал-ка	пуш-ка	пу-шок

пы	пи	ты	ти	ки

пи	пил	пи-лит
спи	спит	пи-лил

Па-ша пил мо-ло-ко.
И Ма-ша пи-ла мо-ло-ко.

пи	шпи	спи	шни
пы	шпы	спы	шны

Кот Пу-шок.

У Ма-ши кот.
Кот Пу-шок.
Ма-ша на-ли-ла
ко-ту мо-ло-ка.
Но кот Пу-шок
сыт.
Он спит.

пра	про	пру	пры	при
спра	спро	спру	спры	спри

пи-ла	ло-па-та	то-пор
пи-лы	ло-па-ты	то-по-ры
пил-ка	ло-пат-ка	то-по-рик

Липа.

У нас рос-ла ли-па.
Ли-па ста-ла ста-ра.
Ли-па ста-ла су-ха.
Ли-па у-па-ла.
При-шли па-па и Па-ша.
У па-пы пи-ла.
У Па-ши то-по-рик.
О-ни рас-пи-ли-ли ли-пу.

Зз

за	зо	зу	зы	зи

аз	оз	уз	из
за	зо	зу	зи

ро-за	мо-роз	за-мок	Зи-на	у-зор
ро-зы	мо-ро-зы	зам-ки	зи-ма	у-зо-ры

Зи-ма.

На-сту-пи-ла зи-ма. Ста-ло мо-роз-но. У Ли-зы сан-ки. На сан-ках Зи-на.

ко-зы	та-зы	зон-ты	мо-ро-зы
ко-за	таз	зонт	мо-роз
коз-лик	та-зик	зон-тик	мо-роз-но

У-зо-ры.

За ок-ном мо-роз.
На ок-нах у-зо-ры.
У-зо-ры как ро-зы.
Хо-ро-ши ро-зы.
Хо-ро-ши и мо-ро-зы.

зла	злу	зна	зну	зма	зму	зра	зру
зло	зли	зно	зни	змо	зми	зро	зри

С-З

са	зо	су	зы	си
за	со	зу	сы	зи

зла	сло	злу	слы	зли
сла	зло	слу	злы	сли

з	ко-за	ро-за	ко-зы	ро-зы
с	ко-са	ро-са	ко-сы	ро-сы

пас-тух	Пас-ту-шок пас ко-зу.
пас-ту-хи	Пас-туш-ки пас-ли коз.

Пас-туш-ки.

У Си-мы ко-за.
У За-ха-ра ко-са.
За-хар ко-сит.
А Си-ма кор-мит ко-зу.
Ко-за сы-та.

рсы	рзы	рси
рси	рзи	рзи

У Си-мы ко-сы.
У За-ха-ра ко-зы.

Если ребёнок с трудом читает предложения, временно ограничьтесь чтением слогов и отдельных слов.

Йй

ай | ой | ый | ий

май	зай-ка
са-рай	лай-ка
	май-ка

| Мой шар. | Мой ру-ки. | зи-ма́ |
| Мой миш-ка. | Мой у́ши. | зи-мой |

Зимой.

У Зи́-ны са́н-ки. У Зи́-ны зай-ка.
На са́н-ках спит зай-ка.

| пи-ла́ | ру-ка́ | пой | от-кро́й | ста́-рый |
| пи-лой | ру-кой | рой | за-кро́й | крас-ный |

У ма-ши-ны.

Са-ша с па-пой. Ма-ша с ма-мой.
Ма-ма с лай-кой.
— Па-па, от-крой ма-ши-ну.

Й-И

| Мой ша-рик. | Мой сло-ник. |
| Мои ша-ри-ки. | Мои сло-ни-ки. |

| Мой миш-ка. | Мой коз-лик. |
| Мои миш-ки. | Мои коз-ли-ки. |

Ка-кой шар крас-ный?
Ка-кой шар си-ний?
Ка-кой мишка тол-стый?
Ка-кой мишка тон-кий?
Ка-кой лис-тик ши-ро-кий?
Ка-кой лис-тик уз-кий?
Ка-кой зонт су-хой?
Ка-кой зонт мок-рый?

ЫЙ-ИЙ

кра	кру	кры
кро	кры	кри

пра	пру	пры
про	пры	при

Гг

аг	маг-нит	га	но-га
ог	ог-ни	го	го-ра
уг	уг-ли	гу	гу-си
иг	иг-ры	ги	но-ги

Гу-си.

Там луг.
За лу-гом го-ры.
За го-ра-ми гро-за.
У Га-ли гу-си.
О-ни на лу-гу.
Там мно-го кор-ма.
Гу-си ум-ны.
Гу-си сы-ты.

гра	гро	гру	гри
гра-нат	гром	гру-ша	Гри-ша

гла	гло	глу	гли
гла-за	гло-ток	Глу-ша	гли-на

гна	гно	гну	гни
гна-ли	гном	гну-ли	гни-ли

Г-К

га	ко	гу	ки
ка	го	ку	ги

но-га	гос-ти	го-ра	ног-ти	гром-ко
ру-ка	кос-ти	ко-ра	ког-ти	кром-ка

кор-ка	гай-ка
гор-ка	кой-ка

Гал-ка.

У Го-ги гал-ка.
Го-га кор-мит гал-ку.
— На, гал-ка, кор-ку.
На, гал-ка, крош-ки.

1. У ко-го гал-ка?[1)]
2. Кто кор-мит гал-ку?
3. У ко-го ког-ти?
4. У ко-го ног-ти?

сгна	сгну
сгно	сгни

---

1) Расскажите, для чего нужен знак вопроса. Чаще обращайте внимание ребёнка на точку в конце предложения.

Учите детей складывать слова типа *нога, рука, шары*.

Вв

ва	ву	вы
во	вы	ви

ваш	Ваш воз.	и-ва
ва-ша	Ва-ша ко-ро-ва.	и-вы
ва-ши	Ва-ши во-лы.	тра-ва

ва-за	во-зы	со-ва	ко-ро-ва
ва-та	вол	со-вы	ко-ро-вы

У и-вы.

Вот и-ва. О-ко-ло и-вы сто-ит воз.
Тут во-лы. На во-зу Во-ва.
Вни-зу сто-ит па-па. У па-пы ви-лы.
— По-мо-гай, Вова, — го-во-рит папа.

вна	вну	вны	впа	хва	вса	всу	вси
вно	вны	вни	впу	хво	всо	всы	взи

рос-ли   при-шли
рас-тут   смот-ри
кра-си-во

Парк.

Ма-ма, Во-ва и Ви-ка при-шли
в парк.

— Вот и-вы, — го-во-рит ма-ма.

— А вот ли-пы, — го-во-рит Во-ва.

— А там виш-ни, — го-во-рит
Ви-ка, — смот-ри, как кра-си-во!

Ри-сун-ки.

Во-ва на-ри-со-вал и-ву. О-ко-ло и-вы —
во-ро-ну.

Ви-ка на-ри-со-ва-ла ли-пу. О-ко-ло ли-пы
вол-ка.

О-ни на-ри-со-ва-ли
хо-ро-шо.

Ма-ма их
по-хва-ли-ла.

ри-со-вал
на-ри-со-вал
на-ри-со-ва-ла

сва	зво	сву	звы	сви
зва	сво	зву	свы	зви

50

да	Да-ша	во-да
до	дом	до-мик
ду	душ	душ-но
ды	дым	ды-мок

ды	са-ды	во-ды	дым	ды-мит
ди	си-ди	и-ди	Ди-ма	си-дит

В са-ду.

У нас сад. В са-ду наш дом. У до-ма си-дит ма-ма. О-ко-ло ма-мы сто-ит Да-ша.

У Да-ши в ру-ках ро-зы.

— На, ма-ма, ро-зы.

Во-про-сы:

1. Кто си-дит о-ко-ло до-ма?

2. Кто сто-ит у до-ма?

два	вды	дра	здра	дна
дво	вди	дро	здро	дно
дву	вни	дру	здру	дну
дви	вны	дры	здры	дни

Да-ша на-ри-со-ва-ла
дом и два ма-ка.

Д-Т

да	до	ду	ды
та	то	ту	ты

дом	том		ды	ди	ды	ти
до-ма	то-ма		ди	ды	ти	ди
до-мик	то-мик					

Два ша-лу-на.

У То-мы два ко-ти-ка.
О-дин ко-тик Дым-ка.
Дру-гой ко-тик Тим-ка.
О-ни ша-лу-ны.
Дым-ка си-дит под до-мом.
А Тим-ка си-дит за до-мом.
А То-ма их ло-вит.

Во-про-сы:

1. Как зва-ли ко-ти-ков?
2. Кто си-дит за до-мом?
3. Кто си-дит под до-мом?

ба	бу	бы
бо	бы	би

ба-тон	бу-сы	бо-ты	гри-бы
ба-ран	бул-ка	бо-бы	ду-бы
бан-ка	бук-ва	Бо-рис	ры-бы
бал-кон	буб-лик	бор	зу-бы

ба-ра-ны	ру-баш-ка
ба-на-ны	ба-буш-ка

У Бо-ри со-ба-ка.
Со-ба-ку зо-вут
Бар-бо-сом.
У Бар-бо-са хвост
буб-ли-ком.

гриб   дуб   сос-на
гри-бы   ду-бы   сос-ны
гри-бок   ду-бок   сос-но-вый бор
гриб-ник   дуб-ра-ва

Б-П

ба	бо	бу	бы	бил
па	по	пу	пы	пил

бал-ка	бы-ли
пал-ка	пи-ли

зба	збо	збу	зби
спа	спо	спу	спи

Гриб-ни-ки.

Бо-рис и Бар-бос по-шли в бор за гри-ба-ми. Шли-шли — бо-ро-вик на-шли! Бар-бос гри-бы ис-кал. Бо-рис их в кор-зи-ну клал.

Гриб-ни-ки ус-та-ли.

Дол-го хо-ди-ли Бо-рис и Бар-бос. Они ус-та-ли.
— Смот-ри, Бар-бос! — го-во-рит Бо-рис. —
Вот дуб, вот ду-бы — от-дох-ни.

Во-про-сы:

1. Как зва-ли Бо-ри-ну со-ба-ку?
2. Ку-да по-шли гриб-ни-ки?
3. Кто ис-кал гри-бы?

По-ло-ви-на
по-по-лам

Под ду-ба-ми.

У Бо-ри ба-ран-ка в ру-ках.
У Бо-ри Бар-бос в но-гах.
Раз-ло-мил Бо-рис ба-ран-ку
по-по-лам.
— На, Бар-бос, по-ло-ви-ну.

Во-про-сы:

1. Кто ус-тал?
2. Кто от-ды-хал под ду-ба-ми?

Гриб-ной суп.

При-шли гриб-ни-ки до-мой.

До-ма бы-ла ба-буш-ка и кот.

Ко-та зва-ли Пор-тос.

Сва-ри-ла ба-буш-ка из гри-бов суп.

Бо-рис суп хва-лил, спа-си-бо го-во-рил.

На-кор-ми-ла ба-буш-ка и Бар-бо-са и Пор-то-са.

О-ба сы-ты.

Во-про-сы:

1. Как зва-ли ба-буш-ки-но-го ко-та?

2. Ка-кой суп сва-ри-ла ба-буш-ка?

3. Ко-го на-кор-ми-ла ба-буш-ка?

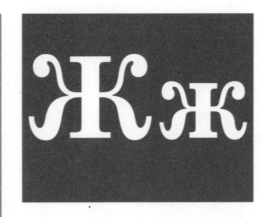

жа | жо | жу | жи

жар	лу-жок
жа-ра	жу-ки
	жук

хо-жу	бро-жу	жа-ло	дро-жит
ма-жу	дру-жу	жар-ко	кру-жит
ви-жу	по-ка-жу	жал-ко	жуж-жит

На лу-гу.

Вот лу-жок. Тут бро-дит со-ба-ка Дру-жок. Над Друж-ком жу-ки кру-жат. Один жук у-пал. Он в Друж-ка по-пал. На но-су си-дит и жуж-жит, жуж-жит: «Ж-ж-ж».

Во-про-сы:

1. Кто у ко-го си-дит на но-су?
2. Как жуж-жит жук?

Ж-З

жа	жо	жу	жи
за	зо	зу	зы

ко-жа	ра-зок	ви-жу	хо-жу	гры-зу
ко-за	пры-жок	сни-зу	пол-зу	бро-жу

жда	ждо	зду	зды	жна	зно	жну
зда	здо	жду	жди	зна	жно	зну

по-жар	ба-за
ба-зар	бар-жа

У о-сы жа-ло.
У жу-ка у-сы.

Про жу-ка и о-су.

О-са у-жа-ли-ла жу-ка. Жу-ка у-жас-но жал-ко. Бо-лит жи-во-тик у жу-ка. У нас он про-сит кап-ли.

Ж-Ш

жа	жо	шу	ши
ша	шо	жу	жи

шпа	шпо	шпу	шпы
жба	жбо	жбу	жбы

жар	жа-ба	лу-жок	ро-жок	Лу-ша
шар	шап-ка	пу-шок	гор-шок	лу-жа

Наш сад.

У нас сад. В са-ду рас-тут виш-ни.
По до-рож-кам рас-тут ро-маш-ки.
А о-ко-ло до-ма жас-мин.

Ее

ес | ет | ем | ел | ей

е-ли | Е-гор
е-жи | е-жа-та

Е-ли вы-со-ки-е, и-гол-ки ост-ры-е.

си	ви	ни	ли	ти	ди	все
се	ве	не	ле	те	де	всем

се-но	Ве-ра	лес	бел-ка
де-ло	Ле-на	нет	вет-ка

пей	лей	сей
пей-те	лей-те	сей-те

В ле-су.

Е-гор и Ле-на хо-ди-ли в лес. Там вы-со-ки-е е-ли. В ле-су жи-вут е-жи. Но Е-гор и Ле-на их не ви-де-ли.

Наш лес.

Де-ти, бе-ре-ги-те лес!
Вет-ки не ло-май-те.
Зве-рей не пу-гай-те.
Кос-тры не раз-жи-гай-те.

По-ка-жи:

Кто ест?
Кто ко-па-ет?
Кто ре-жет?
Кто пры-га-ет?
Кто мо-ет?
Кто по-ли-ва-ет?

ве	не	де	ве	бле
све	сне	сде	звез	блеск
свет	снег	сде-лал	звез-да	блес-тит

На не-бе звез-да го-рит.
Под ней снег блес-тит.

Бел-ка.

Бел-ка пры-га-ла с вет-ки на вет-ку. А вни-зу си-дел кот. Го-во-рит кот бел-ке:

— Смот-ри, бел-ка, не у-па-ди да в рот ко мне не по-па-ди.

Но бел-ка сме-ла и ве-се-ла.

О-рех грыз-ла и в ко-та скор-лу-пу бро-са-ла.

Ь

онь	ось	ать	ить
он	ос	ат	ит

гу-си	ко-ни	ло-си	ры-си
о-дин гусь	о-дин конь	о-дин лось	рысь

Ры-ба-ки.

Де-ти ло-ви-ли ры-бу. У Ле-ны о-кунь. У Ге-ны линь. У Жо-ры ка-рась. А у Ди-мы пес-карь.

ло-вить	хо-дить	со-лить	ва-рить
ло-вит	хо-дит	со-лит	ва-рит

Бу-дем о-бе-дать.

При-шли де-ти с ры-бал-ки до-мой.

Го-во-рит Ге-на Ле-не:

— Ва-ри, Ле-на, у-ху. Не за-будь соль по-ло-жить.

Го-во-рит Ле-на Ге-не:

— А ты, Ге-на, жарь ры-бу, но не пе-ре-со-ли!

ал	ол	ел	ар	ор	аз
аль	оль	ель	арь	орь	азь

пыль	боль	ма-лень-кий
пыль-но	боль-но	боль-шой

По-ка-жи:

Кто бу-дет ри-со-вать?
Кто бу-дет ко-пать?
Кто бу-дет сти-рать?
Кто бу-дет ва-рить суп?

Мно-го дел.
У Ле-ны мно-го дел.
Ей на-до сде-лать у-ро-ки.
Вы-мыть пол.
Вы-те-реть пыль.
А по-том на-пи-сать пись-мо.

За-пом-ни.

**На-до мыть ру-ки пе-ред е-дой.
Ле-том хо-ро-шо хо-дить бо-си-ком.**

Яя

я и-ду
я бе-гу
я си-жу
я ле-жу

Я-ша	я-ма	но-ва-я
Зо-я	я-го-да	ста-ра-я
Ра-я	яб-ло-ко	кра-си-ва-я

ма	на	ва	са	за	ла	та	да	ра
мя	ня	вя	ся	зя	ля	тя	дя	ря

Ве-ра	Ли-да	На-та	Ми-ла	Ни-на
Ва-ря	На-дя	Ка-тя	О-ля	Та-ня

Мо-да.
Ка-ко-е плать-е, та-ка-я и па-на-ма. У Зо-и бе-ло-е плать-е и бе-ла-я па-на-ма. У На-ди крас-но-е плать-е и крас-на-я па-на-ма. У Та-ни си-не-е плать-е и си-ня-я па-на-ма. У-га-дай, кто На-дя, кто Зо-я, кто Та-ня.

Предложите ребенку сложить двубуквенные слоги, то с буквой *а*, то с буквой *я* (*ма — мя, та — тя* и так далее).

сма	сна	сва	сла	спа	кра
смя	сня	свя	сля	спя	кря

лист	пе-ро	кол	зуб	се-мя
листь-я	перь-я	коль-я	зубь-я	семь-я

Зо-я и Ва-ня.

На-ша Зо-я ма-лень-ка-я. Сан-ки во-зить не мо-жет. Зо-е по-ка-тать-ся на сан-ках Ваня по-мо-жет.

От-веть на во-про-сы:

1. Кто ко-го стар-ше?
2. Кто ко-го бу-дет во-зить на сан-ках?

На-ша семь-я.

Вот на-ша семь-я. Все де-лом за-ня-ты. Ма-ма го-то-вит о-бед. О-ля ей по-мо-га-ет. Па-па вер-нул-ся с ра-бо-ты. А Ра-я вя-жет для ма-мы жа-кет.

От-веть на во-про-сы:

1. Кто вер-нул-ся с ра-бо-ты?
2. Кто вя-жет?
3. Кто ко-му по-мо-га-ет?

Ди-ка-я яб-ло-ня.

На по-ля-не, у ле-са, рос-ла яб-ло-ня. О-на бы-ла ди-ка-я. Ни-кто за ней не у-ха-жи-вал. Яб-ло-ки бы-ли мел-ки-е и кис-лы-е. Есть их бы-ло нель-зя.

Во-про-сы:

1. Где рос-ла ди-ка-я яб-ло-ня?
2. Ка-ки-е яб-ло-ки на ди-кой яб-ло-не?

од-но яб-ло-ко	од-на яб-ло-ня
два яб-ло-ка	две яб-ло-ни
мно-го яб-лок	мно-го яб-лонь

На-ша яб-ло-ня.

У нас в са-ду есть яб-ло-ня. За яб-ло-ней на-до у-ха-жи-вать. То-гда на ней бу-дут яб-ло-ки. Вес-ной на-до по-бе-лить ствол. Ес-ли нет дож-дя — по-лей. На зи-му по-ло-жи у-доб-ре-ни-я. Без у-хо-да у-ро-жа-я не жди. Яб-лок не по-ешь!

Рас-ска-жи, как ты бу-дешь у-ха-жи-вать за яб-ло-ней?

Юю

Ю-ра	Я по-ю
Ю-ля	Я мо-ю
ю-ла	Я сто-ю
юб-ка	Я стро-ю

Ра-но ут-ром я вста-ю.
Де-ла-ю за-ряд-ку.
Я ру-ки под-ни-ма-ю.
Я ру-ки о-пус-ка-ю.

ЛУ	КЛУ	СУ	ВСУ	РУ	КРУ	СЮ-ДА
ЛЮ	КЛЮ	СЮ	ВСЮ	РЮ	КРЮ	ЛЮ-ДИ

Я ПЬЮ	Я ШЬЮ	Я ЛЬЮ
О-НИ ПЬЮТ	О-НИ ШЬЮТ	О-НИ ЛЬЮТ

У-га-дай, кто где?

Ю-ра и Лю-ба гу-ля-ют.
Ю-ля и Ва-ря по-ют.
Лю-ся и Я-ша иг-ра-ют.
Ду-ся и Ко-ля ри-су-ют.
На-дя и Во-ва по-ли-ва-ют.

Ёё

ё-жик
ёл-ка
ёж

Ё-жик спит под ёл-кой.
Ёж по-хож на ёл-ку.
Он то-же весь в и-гол-ках.

Де-ти и ёж.

В ле-су гу-ля-ли де-ти.
И ё-жи-ка на-шли.
Ё-жи-ка де-ти до-мой
при-нес-ли.
Да-ли е-му мо-ло-ка.

От-веть на во-про-сы:

1. Где гу-ля-ли де-ти?
2. Ко-го о-ни на-шли?
3. Ку-да де-ти от-нес-ли ё-жи-ка?

Хорошо, если ребенок научится свободно противопоставлять слоги
с твердыми и мягкими согласными (*са — ся, лу — лю* и т. п.). Это избавит
его в школьном возрасте от многих ошибок на письме.

со	ло	то	во	но	мо	сто	зво
сё	лё	тё	вё	нё	мё	стё	сло
всё	клё	стё	звё	гнё	жмё	звё	слё

Сё-ма	Лё-ля	и-дёт	не-сёт
Лё-ва	Лё-ня	по-ёт	зо-вёт
Тё-ма	Лё-ша	клю-ёт	рвёт

Ве-сё-лый Лё-ва.

Лё-ва по ле-су и-дёт. Лё-ва пес-ни по-ёт. Он гри-бы до-мой не-сёт. В гос-ти всех ре-бят зо-вёт.

вол	воз	нёс	ров	лом
вёл	вёз	нос	рёв	лён

мёл	шёл	вёл	нёс	вёз
мел	сел	ве-ду	не-су	ве-зу

Сё-ма и Тё-ма.

В на-шем до-ме два бра-та жи-вут. Од-но-го Сё-ма, дру-го-го Тё-ма зо-вут. Сё-ма у-же боль-шой. Он хо-дит в шко-лу. А Тё-ма ма-лень-кий.

От-веть на во-про-сы:
1. Как зо-вут школь-ни-ка?
2. Как зо-вут до-школь-ни-ка?
3. Кто стар-ше?

За-пом-ни, кто у ко-го.

У кош-ки
ко-тё-нок.

У ко-ро-вы
те-лё-нок.

У ло-ша-ди
же-ре-бё-нок.

У ли-сы
ли-сё-нок.

У ко-зы
коз-лё-нок.

У ут-ки
у-тё-нок.

о-дин те-лё-нок
два те-лён-ка
мно-го те-лят

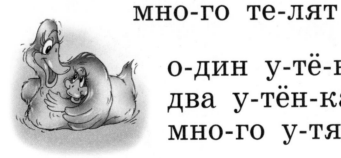

о-дин у-тё-нок
два у-тён-ка
мно-го у-тят

На-зо-ви и ска-жи,
сколь-ко их?

Я пью.   Мы пьём.
Ты пьёшь.   Вы пьё-те.
Он пьёт.   О-ни пьют.

Я лью.   Мы льём.
Ты льёшь.   Вы льё-те.
Он льёт.   О-ни льют.

Ё-Е

Кот Бу-ся и дождь.

Дождь, дождь и-дёт. Зем-ля во-ду пьёт, в я-го-ды её от-да-ёт. Всё кру-гом зе-ле-не-ет. А вот кот Бу-ся дож-дя бо-ит-ся. Бу-ся со дво-ра до-мой у-бе-га-ет. Мок-ры-е лап-ки о-тря-ха-ет.

От-веть на во-про-сы:

1. Ко-му ну-жен дождь?
2. От-ку-да в я-го-дах сок?
3. Кто бо-ит-ся дож-дя?

Ёж и кот.

Ё-жик к нам во двор за-шёл. Ёж ар-буз-ну-ю кор-ку на-шёл. По-ка ёж кор-ку ню-хал, к не-му кот под-крал-ся. Кот на е-жа прыг, да ла-пу на-ко-лол. За-мя-у-кал, за-хро-мал и до-мой у-бе-жал.

От-веть на во-про-сы:

1. Кто на ко-го на-пал?
2. Как ёж дал ко-ту от-пор?

бьёт	бью	шьём	шьё-те
бьём	бьёшь	шью	шьёт

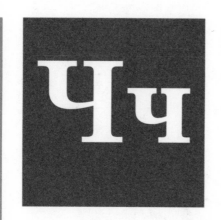

ач	яч	мяч	ка-лач
оч	еч	оч-ки	грач
уч	юч	ключ	об-руч

Сё-ма и грач.

На бе-рё-зе си-дит грач.
У Сё-мы в ру-ке ка-лач.
— Грач, грач, на́ те-бе ка-лач!

От-веть на во-про-сы:

1. У ко-го был ка-лач?
2. Где си-дел грач?

боч-ка	луч	де-воч-ка	дочь
поч-ка	куч-ка	Ве-роч-ка	ночь
доч-ка	руч-ка	Ни-ноч-ка	печь
точ-ка	внуч-ка	Та-неч-ка	меч

По-дру-ги.

У Ве-роч-ки мяч. У Ни-ноч-ки об-руч. А у Та-неч-ки па-лоч-ка. Ска-жи, у ко-го ка-ка-я иг-руш-ка?

ча | чо | чу | чи | че | чё

хо-чу	бы-чок	маль-чик	что
мол-чу	пу-чок	паль-чик	чей
кри-чу	лу-чок	мя-чик	чья
пла-чу	ку-ла-чок	зай-чик	чьи

Учите детей правильно составлять (устно) предложения. Например, придумать предложение с каким-либо словом. Или соединить в предложение отдельные слова, например: *вставать, я, утро, рано*.

Чай-ник — на-чаль-ник.

Вот на-ша кух-ня. На пли-те чай-ник — всей по-су-ды на-чаль-ник. В нём во-да ки-пит. Бу-дем чай пить.

От-веть на во-про-сы:

1. Что сто-ит на пли-те?
2. В чём ки-пя-тят во-ду?
3. Из че-го ты пьёшь чай?
4. Ка-ку-ю по-су-ду ты зна-ешь?

чай | чай-ник | на-чаль-ник

Ч-С-Ш	са	са-чок	час-то
	ча	ча-сы	сей-час
	ша	чаш-ка	ска-чок

За-да-ни-е:

По-смот-ри, ко-то-рый сей-час час?

Ч-ТЬ

ач	оч	уч	ич
ать	оть	уть	ить

ча	чо	чу	чи	че	плач
тя	тё	тю	ти	те	пла-тье

У ма-мы го-ря-чий у-тюг.

У па-пы тя-жё-ла-я тач-ка.

У ба-буш-ки тёп-лы-е ка-ла-чи.

У И-роч-ки но-во-е пла-тье.

От-веть на во-про-сы:

1. Чей у-тюг?

2. Чья тач-ка?

3. Чьи ка-ла-чи?

4. Чьё пла-тье?

За-пом-ни.

Всё жи-во-е, как и мы, чув-ству-ет боль.

Ни со-ба-ку, ни кош-ку не бей!

Кто сла-бе-е те-бя, то-го по-жа-лей.

По-ду-май, чем сла-бо-му мо-жешь по-мочь.

э-то
э-таж
эк-ран
э-лект-ро-по-езд

Э-хо.

Мы бы-ли в ле-су. Па-па крик-нул:
— Э-эй!..

Е-му от-ве-тил кто-то: «Э-эй! Э-эй!..»
— Э-то э-хо, — ска-за-ла ма-ма.

Э-то дя-тел. Э-то ча-сы. Э-то я-ич-ко.

От-га-дай за-гад-ки.

Бе-ла-я боч-ка, нет в ней ни су-чоч-ка.
Я по де-ре-ву сту-чу, чер-вяч-ка до-
быть хо-чу.
Мы день не спим. Мы ночь не спим.
И день и ночь сту-чим, сту-чим.

скри	скво	скрип-ка
скри-пит	скво-рец	сквоз-няк

ац	**ма-трац**
яц	**за-яц**
ец	**у-ме-лец**

За-яц — у-ме-лец.

Э-тот за-яц тра-ву ко-сит.
Э-тот за-яц во-ду но-сит.
Э-тот за-яц петь у-ме-ет.
Се-рый за-яц — та-кой у-ме-лец.

ко-нец	мо-ло-дец	о-гу-рец
па-лец	ле-де-нец	про-да-вец
пе-рец	ко-ло-дец	бра-тец

Бра-тец Ва-ня.

У ме-ня есть брат.
Е-го зо-вут Ва-ня.
Ма-лень-кий бра-тец со-сёт па-лец.
Го-во-рит е-му о-тец:
— Не со-си, Ва-ня, па-лец! На́ те-бе ле-де-нец!
Вы-рас-тет Ва-ня — бу-дет мо-ло-дец.

Ц-Ч

ца	цо	цу	цы	це
ча	чо	чу	чи	че

во-ди-ца	цап-ля	це-пи	вче-ра
до-бы-ча	чай-ник	че-ки	цве-ток

На ок-не цве-ток ко-лю-чий
Смот-рит за о-ко-ли-цу.
Ты е-го не тро-гай луч-ше —
О-чень боль-но ко-лет-ся.
Что э-то?

По-да-рок.

Де-воч-ки в са-ду цве-ты со-би-ра-ли. Цве-то-чек бе-лень-кий, цве-то-чек си-нень-кий, цве-то-чек а-лень-кий. А по-том из цве-тов бу-кет сде-ла-ли и по-да-ри-ли е-го сво-ей у-чи-тель-ни-це.

От-веть на во-про-сы:

1. Где де-воч-ки со-би-ра-ли цве-ты?
2. Из ка-ких цве-тов о-ни сде-ла-ли бу-кет?
3. Ко-му де-воч-ки по-да-ри-ли цве-ты?

Ц-С

ац	са	си-ни-ца	сест-ри-ца
ас	ца	сест-ри-цы	си-ни-цы

пе-сец	скво-рец	солн-це
пес-цы	сквор-цы	скво-реч-ник

Зи-ме ко-нец.

Зи-ме ко-нец! Ле-тит скво-рец
И звон-ко на-пе-ва-ет:
«И-дёт вес-на! Крас-на, яс-на,
Смот-ри-те, как всё та-ет!».

Ве-сен-нее солн-це.

Ве-сен-нее солн-це смот-рит к нам в о-кон-це. Ве-сен-ний день — дол-гий день. Солн-це зем-лю про-гре-ва-ет. Де-ревь-я в лис-тья о-де-ва-ет. Цве-та-ми зем-лю у-кра-ша-ет. Пти-цы ра-ды солн-цу и цве-там.

От-га-дай за-гад-ку.

На бе-рё-зе дво-рец, во двор-це — пе-вец, а зо-вут его... Как?

фа	фо	фу	фы
фи	фе	фё	

Фа-я	фо-нарь
фо-кус	фут-бол

Све-то-фор.

На у-ли-це глав-ный на-чаль-ник — э-то све-то-фор. У не-го три гла-за — фо-на-ря. О-дин фо-нарь — **крас-ный**, он ввер-ху. Дру-гой фо-нарь — **зе-лё-ный**, он вни-зу. А в се-ре-ди-не фо-нарь **жёл-тый**. Все лю-ди зна-ют, ко-гда мож-но пе-ре-хо-дить у-ли-цу. А ты зна-ешь?

Сви-нья Фе-фё-ла.

Все лю-ди зна-ют, что на у-ли-це на-до хо-дить по пе-ше-ход-ным до-рож-кам. Га-зо-ны не топ-тать, цве-ты не рвать. А вот сви-нья Фе-фё-ла хо-дит где по-па-ло: на све-то-фор не смот-рит, тра-ву, цве-ты топ-чет и вез-де му-сор о-став-ля-ет.

За-да-ние:

Рас-ска-жи, как на-до вес-ти се-бя на у-ли-це?

ащ|ощ|ущ|ещ|ищ

лещ	клещ
плащ	плющ
борщ	вещь

ща | щу | щи | ще | щё

роща	ищу	щель	ещё	щит
гуща	тащу	щепка	щётка	вещи

Щ-С

ща	со	щу	сы	ся	сё	щу	си	ще
са	щё	су	щи	ща	щё	сю	щи	се

лес	роса	ключ	писать
лещ	роща	плющ	пищать

Щ-Ч

ща	чо	щу	чи	ще
ча	щё	чу	щи	че

чаща	щенок	щётка	ящик	щепка
чище	щеночек	щёточка	ящичек	щепочка

Постепенно переводите ребёнка на чтение слов и текстов, не разбивая их на слоги.

Три щёт-ки.

Этой щёткой чищу зубы.
Этой щёткой чищу платье.
Этой щёткой чищу туфли.
Как называются эти щётки?

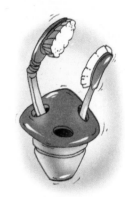

Про маленького щенка.

Этот беленький щенок — нашей Жучки сынок. Щенок любит у своего домика лежать, маму Жучку поджидать.

Если ребенок не готов к чтению слитно написанных слов, верните его к хорошо знакомому пройденному материалу, переписав слова слитно.

Щенята тоже видят сны.

Маленький щенок на солнышке задремал. И вот какой сон увидел. Жучка косточку ему принесла и ушла. Щенок собрался косточку поглодать, но тут кот Буся подскочил и косточку утащил.

Что случилось со щенком наяву.

Беленький щенок, нашей Жучки сынок, во дворе ёжика увидел. Хотел с ним поиграть. А ёж иголки распустил и щенка уколол. Мама Жучка щенка пожалела, лапку облизала и сказала:
— Умей друзей выбирать не колючих, а таких, как ты, пушистых.

Если тексты трудны, перепишите их, разбив на слоги. Предложите прочесть ребенку сначала ваш текст, а потом букварный.

Твёр-дый знак о-бо-зна-ча-ет раз-де-ле-ни-е букв. Чи-тай бук-вы раз-дель-но.

объ-е	разъ-е	съ-е
объ-я	подъ-е	въ-е

объя	съе	въе	разъе	подъе
обя	се	ве	разе	поде

съе-ла	Ма-ша съе-ла пи-рог.
се-ла	Ма-ша се-ла на стул.

Счи-тал-ка.

Мы шли, шли, шли. Пи-ро-жок на-шли. Се-ли, съе-ли и о-пять по-шли.

Де-воч-ка съе-ла пи-рог.
А кот объ-ел-ся.

объ-яв-ле-ни-е	съел	въезд
о-бя-за-тель-но	сел	вез-де

разъ-езд	подъ-езд
ро-зет-ка	по-дел-ка

съе-ха-ла
объ-е-ха-ла
въе-ха-ла
подъ-е-ха-ла
разъ-езд

Ъ-Ь

Сме-ла-я Ве-ра.

Ве-ра лю-бит ка-тать-ся на ве-ло-си-
пе-де. О-на съе-ха-ла с го-ры, объ-е-ха-
ла де-ре-во и подъ-е-ха-ла к до-му.

Ве-ра въе-ха-ла во двор. Во дво-ре Ве-ра чуть-чуть не стол-кну-лась с Во-вой. Но о-ни су-ме-ли разъ-е-хать-ся.

Ве-ра о-ста-но-ви-лась у подъ-ез-да. Там ви-се-ло объ-яв-ле-ни-е. Но Ве-ра не у-ме-ла чи-тать. Про-чти ты.

Конец — всему делу венец.

Жукова Надежда Сергеевна,
кандидат педагогических наук

БУКВАРЬ

Художники
В. Трубицын, Ю. Трубицына

Редактор *Л. Кондрашова*
Художественный редактор *А. Степнов*
Дизайн обложки *И. Сауков*
Компьютерная верстка *Г. Дегтяренко*

Налоговая льгота — общероссийский классификатор
продукции ОК-005-93, том 2; 953000 — книги, брошюры

Подписано в печать с готовых монтажей 28.11.2001.
Формат 84×108$^1/_{16}$. Гарнитура «Школьная». Бумага офсетная.
Печать офсетная. Усл. печ. л.10,08.
Тираж 30 000. Заказ № 0115460.

ЗАО «Издательство «ЭКСМО-Пресс». Изд. лиц. № 065377 от 22.08.97.
125190, Москва, Ленинградский проспект, д. 80, корп. 16, подъезд 3.
Интернет/Home page — www.eksmo.ru
Электронная почта (E-mail) — info@ eksmo.ru
Книга — почтой: Книжный клуб «ЭКСМО»
101000, Москва, а/я 333. E-mail: bookclub@ eksmo.ru

Оптовая торговля:
109472, Москва, ул. Академика Скрябина, д. 21, этаж 2
Тел./факс: (095) 378-84-74, 378-82-61, 745-89-16
E-mail: reception@eksmo-sale.ru

Мелкооптовая торговля:
117192, Москва, Мичуринский пр-т, д. 12/1
Тел./факс: (095) 932-74-71

ООО «Медиа группа «ЛОГОС». 103051, Москва, Цветной бульвар, 30, стр. 2
Единая справочная служба: (095) 974-21-31. E-mail: mgl@logosgroup.ru
contact@logosgroup.ru

ООО «КИФ «ДАКС». Губернская книжная ярмарка.
М. о. г. Люберцы, ул. Волковская, 67.
т. 554-51-51 доб. 126, 554-30-02 доб. 126.

Книжный магазин издательства «ЭКСМО»
Москва, ул. Маршала Бирюзова, 17 (рядом с м. «Октябрьское Поле»)

Сеть магазинов «Книжный Клуб СНАРК» представляет
самый широкий ассортимент книг издательства «ЭКСМО».
Информация в Санкт-Петербурге по тел. 050.

Всегда в ассортименте новинки издательства «ЭКСМО-Пресс»:
ТД «Библио-Глобус», ТД «Москва», ТД «Молодая гвардия»,
«Московский дом книги», «Дом книги на ВДНХ»

ТОО «Дом книги в Медведково». Тел.: 476-16-90
Москва, Заревый пр-д, д. 12 (рядом с м. «Медведково»)

ООО «Фирма «Книинком». Тел.: 177-19-86
Москва, Волгоградский пр-т, д. 78/1 (рядом с м. «Кузьминки»)

ООО «ПРЕСБУРГ», «Магазин на Ладожской». Тел.: 267-03-01(02)
Москва, ул. Ладожская, д. 8 (рядом с м. «Бауманская»)

Отпечатано в полном соответствии с
качеством предоставленных диапозитивов
в ОАО «Ярославский полиграфкомбинат».
150049, Ярославль, ул. Свободы, 97.